# LES PERSONNAGES REMARQUABLES
# DU GERS

### Par E. BÉCHET
*Inspecteur de l'Enseignement primaire.*

## I — ÉCRIVAINS

**PEY DE GARROS**, poète gascon, né à Lectoure vers la fin du quinzième siècle, et mort dans la même ville en 1581. Il fit à Toulouse ses études de droit, de théologie et surtout de langue hébraïque. Ayant embrassé la Réforme, il dut quitter cette ville pour se soustraire à la persécution catholique.

On a de lui des *Psaumes de David* où la pensée du texte original est souvent rendue avec bonheur, et un volume de *Poésies gasconnes*, rare et très estimé, puisqu'un seul exemplaire s'est payé 50 francs à la vente Delaroche (mars 1837).

**BARTAS** (Guillaume de Salluste, sieur du), poète et gentilhomme protestant, naquit à Montfort, près d'Auch, vers 1544. Sa situation de calviniste et de seigneur de la maison du roi Henri IV l'obligea, à son regret, si nous en croyons la préface de son principal ouvrage, à prendre part aux guerres de religion. Il fut employé par son royal maître à des négociations importantes en Danemarck, en Ecosse et en Angleterre, où Jacques VI voulut en vain le retenir. Rentré en France, il combattit à Ivry et mourut peu de temps après des suites d'une blessure qu'il y avait reçue (1590).

Ce fut dans les loisirs que lui laissaient ses devoirs

de soldat et de diplomate qu'il composa ses longs et nombreux poèmes. Sainte-Beuve le juge ainsi dans son premier ouvrage, *la Muse chrétienne* : « Du Bartas renfle l'accent et proteste contre les mignardises. C'est à la Bible qu'il s'en prend, c'est aux sujets sacrés qu'il demande une moralité élevée. Par malheur, les vers ne répondent pas tout à fait à l'intention. On y sent je ne sais quoi d'incorrect et d'arriéré en rudesse, si on les compare aux jolis couplets de la même date qui se modulaient à la cour des Valois. Du Bartas gagnera beaucoup avec les années ; mais en obtenant le mérite, il n'obtiendra jamais la grâce... »

Ce jugement s'applique en particulier à *la Semaine de la Création*, œuvre principale de du Bartas, qui parut en 1579. Ronsard fut tellement enthousiasmé de ce poème qu'il fit présent à du Bartas d'une plume d'or, en lui assurant qu'il avait fait plus en sa *semaine* que lui en toute sa vie. Goëthe l'appelle « le roi des poètes français ; » il vante ses « sujets vastes, ses riches descriptions, ses pensées majestueuses. » Mais si grands qu'on fasse les mérites de du Bartas, on ne peut pas ne pas reconnaître le mauvais goût de ses métaphores, l'affectation de sa magnificence, la puérilité de ses jeux de mots. Ainsi, il appelle le soleil, le duc des chandelles ; les coursiers d'Éole deviennent ses postillons ; la tête de l'homme est chez lui la garnison de la raison ; le corps une citadelle dont les yeux sont les sentinelles, qui ont pour boulevards les paupières, etc... ; et il continue sur ce ton la description de tout l'organisme humain. Comme exemple de ses curieuses onomatopées, on cite cette singulière imitation du chant de l'alouette :

> La gentille alouette avec son tire lire
> Tire lire a liré et tire lirant lire
> Vers la voûte du ciel, puis son vol vers ce lieu
> Vire et désire dire : Adieu, Dieu! adieu, Dieu!

Terminons en disant que si du Bartas eut en son temps des admirateurs, des commentateurs, des abréviateurs ou imitateurs, si sa *Semaine* eut l'honneur de trente éditions en six ans, on a fait justice aujourd'hui de ces exagérations barbares qui faillirent tuer notre belle langue française.

**DUPLEIX** (Scipion), conseiller d'État et historiographe de France, est une des célébrités qui honore le plus le pays où il est né. Auteur de plusieurs travaux historiques remarquables, il a le premier le mérite d'avoir consacré une attention particulière à l'Histoire de la Gaule méridionale, histoire jusque-là sacrifiée à celle des provinces du nord de la France. Il payait ainsi un tribut de reconnaissance à la ville de Condom qui lui avait donné le jour en 1569. « Il se livra, nous dit Augustin Thierry, avec une sorte de zèle patriotique à la recherche et au récit des faits qui intéressaient son pays natal. Il ouvre la liste de ces historiens, nés au sud de la Loire, qui tentèrent à différentes époques la réhabilitation du midi, et dont les efforts ont préparé l'ancienne littérature de l'Aquitaine et de la Provence. »

Scipion Dupleix fut présenté à Marguerite de Valois, qui tenait alors sa cour à Nérac. Il plut à cette princesse qui le nomma maître des requêtes de son hôtel et l'emmena à Paris en 1605. Dupleix s'y livra avec ardeur à ses études préférées et publia un premier ouvrage (*Mémoire des Gaules depuis le déluge jusqu'à l'établissement de la monarchie française*), qui lui valut le titre d'historiographe de France. Louis XIII exigea de lui qu'il travaillât à une Histoire générale de France, ce dont il s'acquitta avec ardeur, car de 1619 à 1643 il en fit paraître cinq volumes s'étendant des origines au règne de Louis XIII. Il continua cette histoire dont Richelieu lui-même corrigeait l'impression, et il le fit avec tant de zèle et avec un tel esprit d'impartialité qu'il se proposait de refaire la première partie du règne de Louis XIII sur un plan nouveau, quand la mort vint interrompre ses travaux. Il s'éteignit à Condom, en 1661, après avoir conservé jusqu'au dernier moment sa facilité de travail, l'énergie et la lucidité de ses facultés.

**SABBATHIER** (François), littérateur, né à Condom en 1735, mort à Châlons en 1807. Il fut successivement précepteur, professeur au collège de Châlons-sur-Marne de 1762 à 1778, secrétaire perpétuel de l'Académie de Berlin et associé de l'Institut en 1796.

On a de lui un *Traité sur l'origine de la puissance temporelle des papes*; un *Dictionnaire pour l'intelligence* des auteurs classiques grecs et latins (37 volumes in-8 avec planches) ; un *Recueil de dissertations sur divers sujets de l'histoire de France*, tous ouvrages assez estimés, sauf le second, qui paraît être d'une érudition un peu suspecte.

**L'ABBÉ MONLEZUN** (Jean-Justin), historien français, né à Saramon, dans l'arrondissement d'Auch, en 1800. Après s'être adonné entièrement à l'étude et à l'enseignement, il fut nommé chanoine à Auch, où il mourut en 1859. On a de lui une *Histoire de la Gascogne depuis les temps les plus reculés*, et une *Vie des saints évêques de la métropole d'Auch*. Le premier de ces ouvrages est très estimé et souvent consulté.

## II — HOMMES DE GUERRE ET MARINS

**MONTLUC** (Blaise de Lasseran, seigneur de). — Montluc est né à Saint-Gemme, près de Condom, en 1502. Il était l'aîné de six enfants qui ne devaient hériter que d'un bien maigre patrimoine. Aussi le lança-t-on de bonne heure dans la carrière des armes. Après avoir débuté dans la maison d'Antoine de Lorraine, il fut pourvu d'une place d'archer dans la compagnie de Bayard. Animé du désir de parvenir, plein de bravoure et d'énergie, il chercha toutes les occasions de se distinguer, acceptant des missions périlleuses et devant lesquelles les plus braves reculaient. Il servit avec éclat sous les règnes de François Ier, de Henri II et de François II, se fit remarquer au combat de la Bicoque (1522), tomba entre les mains des Espagnols à Pavie, contribua ensuite puissamment à la victoire de Cerisolles (1544), et s'illustra d'une façon toute spéciale à la défense de Sienne où il gagna, en récompense de ses bons et loyaux services, le cordon de Saint-Michel et une pension de 3000 livres. Il y avait là de quoi flatter suffisamment l'amour-propre d'un homme qui n'aurait pour mobile que la réputation et les honneurs ; mais son ambition était insatiable et une récompense, loin de l'assouvir, le mettait en haleine. « Qu'est-ce que la réputation, dit-il, laquelle quand vous l'avez acquise, vous ne devez perdre ? Ainsi plutôt mourir. »

La mort de Henri II, qui semble avoir eu pour lui un grand attachement, devait cependant le remettre un peu dans l'ombre. Aussi, comme il souffre de l'oubli dans lequel on le laisse sous le règne de François II et de l'état de suspicion dans lequel il est placé! Il rentre alors en Gascogne et trouve son pays entièrement troublé par la Réforme. Mais ici son rôle va singulièrement changer.

Nommé en 1564 gouverneur général de Guyenne, il poursuit les Huguenots avec une sévérité et une cruauté qui n'eurent d'égales que celles du protestant des Adrets. Fidèle serviteur de la royauté, il aurait cru manquer à ses devoirs les plus sacrés en n'obéissant pas aveuglément à son souverain ; catholique de naissance, il lui paraissait monstrueux qu'on pût avoir une autre religion que la sienne, que celle du roi. De là ces cruautés et ces actes de sauvagerie qu'il raconte trop naïvement et trop sincèrement pour qu'on ne soit pas convaincu qu'il agissait de bonne foi, en croyant sauver le royaume par l'anéantissement complet des protestants. Cependant, ces guerres civiles si longues et si terribles, il les déplore amèrement : « Mais n'en parlons, le cœur m'en crève ; » et il comprend que, derrière le fanatisme religieux, d'autres causes contribuent à ces divisions malheureuses. « Si la royne et M. l'admiral étaient en mon cabinet, dit-il, et que feu M. le prince de Condé et M. de Guyse y fussent aussi, je leur ferais confesser qu'autre chose que la religion les a meus à faire entraîner trois cent mille hommes. »

Blessé au siège de Rabastens d'un coup d'arquebuse qui lui perça les deux joues et lui enleva une partie du nez, il se retira en son château d'Estillac, près d'Agen, où il mourut en 1577. C'est là qu'il rédigea ses *Mémoires ou Commentaires* dont il veut faire « le discours de sa vie, » où il retrace en un style soldatesque, brusque, inégal et amusant, les événements auxquels il a été mêlé pendant une période de 50 années. Ce qu'il se propose dans cet ouvrage, c'est un but d'utilité pratique. Il veut que son exemple et son expérience profitent aux jeunes gens et aux capitaines qui le suivront.

Aussi Henri IV appelait-il ces *Commentaires* « le bréviaire des soldats. »

**BELLEGARDE** ( Roger de Saint-Lary, de ). — Bellegarde est né probablement à Saint-Lary, près d'Auch. D'abord étudiant à Avignon, il abandonna de bonne heure la plume pour l'épée. « Très beau, très vaillant, dit Brantôme, de fort belle façon et haute taille, bon duelliste, toutes qualités nécessaires à un courtisan, il en est le modèle le plus parfait. » Il s'attacha à l'un de ces Italiens venus à la Cour de France avec Catherine de Médicis, sut se faire remarquer de cette reine qui lui donna une commanderie de l'ordre de Calatrava, en Gascogne, la seule de cet ordre qui fût en France, et qui valait quinze cents ducats. Le duc d'Anjou, qui se connaissait en hommes, le nomma colonel de son infanterie et l'emmena avec lui en Pologne. Chargé plus tard d'une mission en Piémont, il sut, grâce à sa diplomatie, gagner à Henri III l'alliance de ce royaume. Ce prince, pour le récompenser de ce cadeau de joyeux avènement, l'éleva à la dignité de maréchal de France et le combla tellement qu'à la cour Bellegarde n'était désigné que sous le nom de « torrent de la faveur. » Cette fortune rapide lui valut un nombre considérable d'ennemis qui le minèrent lentement dans l'esprit de Henri III. Aussi cruel pour ses disgraciés que généreux pour ses favoris, Henri III l'éloigna de la Cour et l'envoya assiéger Livron, en Dauphiné. Mais le maréchal de Bellegarde, plein de ressentiment et méditant une terrible vengeance, retourna en Italie, s'allia avec le duc de Savoie contre la France et s'empara du marquisat de Saluces. Là s'arrêtèrent ses représailles, car il mourut empoisonné par ordre de Catherine de Médicis, en 1579.

**VILLARET DE JOYEUSE** (Louis-Thomas, comte de). — Le vice-amiral Villaret de Joyeuse est né à Auch, le 29 mai 1747. Il fit de bonnes études chez les Jésuites de cette ville, et sa mère, femme très pieuse, le destinait au sacerdoce. Mais les goûts du jeune Thomas étaient tout autres, et dès qu'il eut atteint sa seizième année, il s'embarqua en qualité de volontaire.

Le désir de briller, un caractère heureux, mélange de douceur et de fermeté, une bravoure enfin que rien n'étonnait le firent bientôt remarquer des chefs sous lesquels il parcourut les mers de l'Inde. En 1778, il se distingua tellement au siége de Pondichéry que M. de Suffren le nomma commandant du brûlot *le Pulvériseur*. Chargé d'une mission très délicate dans la rade de Madras qu'une formidable escadre anglaise défendait, il combattit avec tant d'acharnement que le commodore anglais lui-même fit suspendre un instant la lutte pour lui dire : « Bravo jeune homme, conservez à votre roi un officier qui sait si bien défendre son pavillon. » C'est à la suite de ce brillant fait d'armes qu'il fut décoré de l'ordre de Saint-Louis.

Lorsque éclata la Révolution, Villaret, bien qu'opposé aux principes de l'ordre nouveau, ne voulut pas émigrer et refuser à son pays le secours de son bras et de son intelligence. Aussi Jean Bon Saint-André, en le proposant au grade de contre-amiral en 1793, écrivait-il au Comité de Salut Public : « Je sais que Villaret est un aristocrate, mais il est brave et il servira bien. » Nommé ensuite au commandement de la flotte de Brest, il se couvrit de gloire dans la journée du 13 prairial an II (1er juin 1794), mais ne put empêcher la perte de six de nos vaisseaux. C'est dans cette journée que périt le *Vengeur*, dont l'équipage mourut au cri de : Vive la République !

S'étant prononcé contre plusieurs expéditions aussi inutiles que dangereuses, telles que l'expédition d'Irlande, et voyant ses sages avis toujours méconnus, il donna sa démission au Directoire qui l'accepta. Le département du Morbihan l'envoya en 1796 siéger sur les bancs des Cinq-Cents. Il s'y lia avec les membres les plus actifs de l'opposition, et, au 18 fructidor, il fut condamné à la déportation. Rappelé par le général Bonaparte en 1801, il fut chargé de missions importantes à Saint-Domingue, à la Martinique et à Sainte-Lucie, où il a laissé les plus honorables souvenirs. Tenu injustement en disgrâce pendant quelques années à la suite d'un échec qu'il avait subi en 1809 contre des forces anglaises bien supérieures aux siennes, il obtint enfin une tardive réparation. Napoléon Ier le nomma au gouvernement général de Venise, poste qu'il occupa jusqu'à sa mort, en 1812. Unissant les qualités sociales les plus aimables à de solides vertus, chéri de ceux qu'il a commandés, et estimé de ceux qu'il a combattus, Villaret Joyeuse a laissé d'ineffaçables regrets dans le cœur de tous ceux qui l'ont connu. Sa ville natale lui a érigé une statue.

**DESOLLES** (Jean-Jacques-Paul-Augustin). — Desolles est né à Auch, le 3 juillet 1767, d'une des plus anciennes et des plus honorables familles de cette ville. Il y fit ses études sous la direction de son oncle, chanoine de la métropole et plus tard évêque. A la Révolution, il embrassa la carrière militaire. Les talents spéciaux qu'il y déploya, son zèle, sa conduite lui concilièrent l'affection de ses compagnons d'armes et l'estime de ses chefs.

Il fit la première campagne d'Italie en qualité de chef de bataillon sous les ordres de Bonaparte, et fut désigné par le jeune général pour porter au Directoire les préliminaires de l'armistice de Léoben. En 1798, il reçut le commandement d'un corps de troupes avec lequel il devait occuper la Valteline. C'est là qu'avec quatre mille hommes seulement il culbuta sept mille Autrichiens et prit dix-huit pièces de canon. Ce brillant fait d'armes lui valut le grade de général de division. La même année, il fut nommé chef d'état-major général du général Schérer et se signala brillamment à la sanglante journée de Novi. Nommé en 1799 à l'état-major général de l'armée de Moreau, il prit une part héroïque aux batailles de Mœrskirch, de Bibe....., et à l'affaire de Neubourg, où le brave et célèbre La Tour d'Auvergne fut tué. Il se distingua aussi de la manière la plus éclatante à la bataille d'Hohenlinden, se couvrit de gloire aux passages de l'Inn, de la Saab, de la Salzu, à l'affaire de Vokelbruch, à Traun et à la prise de Linz. L'empereur d'Autriche, voyant que les Français n'étaient qu'à vingt lieues de sa capitale, demanda la paix pour la sauver. Elle fut conclue et signée à Lunéville (9 février 1801).

Dans toutes ces campagnes, le général Desolles se fit remarquer non seulement par la valeur avec laquelle il combattit dans toutes les occasions, mais encore par le talent qu'il déploya dans les fonctions difficiles de chef de l'état-major d'une armée considérable. Ses rapports au gouvernement sur les opérations de l'armée du Rhin révèlent en lui une connaissance approfondie de la tactique, des positions militaires, de la manœuvre des troupes en général, et des détails propres à chaque arme en particulier.

Quelques années plus tard, en 1803, il occupait le commandement de l'armée de Hanovre en même temps que se découvrait la conspiration dans laquelle était impliqué Moreau. Il s'abstint de charger son ami, et cette réserve lui enleva les bonnes grâces de Bonaparte, qui ne lui pardonna jamais entièrement d'être resté fidèle à celui qu'il considérait comme son rival.

Il se retira à Auch et y vécut dans la retraite et dans la tranquillité jusqu'en 1808. A cette date, Napoléon, passant par cette ville, le fit mander près de lui ; un rapprochement s'ensuivit, et le général Desolles l'accompagna en Espagne. Il y vécut de la vie la plus active jusqu'en 1813 où l'état de sa santé l'obligea à quitter l'armée. Il ne jouit pas longtemps d'un repos si justement mérité : le gouvernement provisoire de 1814 l'appela au commandement des gardes nationales de Paris et du département de la Seine.

Le czar était alors à Paris, et il s'y était érigé en arbitre souverain des destinées de la France. Dans un des conseils qui se tenaient chez ce monarque, plusieurs maréchaux et le duc de Vicence soutenaient énergiquement les intérêts de la dynastie napoléonienne, quand le général Desolles les combattit vivement et demanda le retour des Bourbons. Dans le même temps avait lieu la défection de Marmont ; cette circonstance fit pencher Alexandre vers l'opinion de Desolles, et le rappel des Bourbons fut décidé.

La Restauration le combla d'honneurs et il était major général des gardes nationales du royaume quand on apprit le débarquement de l'exilé de l'île d'Elbe. Dessolles envoya, dans les départements, les instructions les plus énergiques, mais on sait que ces mesures n'arrêtèrent pas Napoléon. Après la seconde Restauration, il reprit le commandement, qu'il abandonna bientôt pour ne pas se prêter aux sanguinaires réactions du parti vainqueur, contre lesquelles se révoltait sa nature douce et pacifique.

Désormais, il consacra tout son temps à l'étude des questions soumises à la chambre des pairs dont il faisait partie: il se signala par quelques rapports remarquables sur la loi de finances de 1817, la loi sur la liberté de la presse en 1818, la loi de recrutement de Gouvion Saint-Cyr dont il se montra ardent partisan. Enfin, en 1818, il fut nommé président du conseil des ministres avec le portefeuille des affaires étrangères en remplacement du duc de Richelieu ; mais les exigences du parti réactionnaire le dégoûtèrent bientôt des affaires, et il démissionna avec ses collègues, le 19 novembre de la même année.

Depuis lors, il vécut retiré, s'acquittant consciencieusement de ses devoirs de pair de France, en se rendant exactement à la Chambre où il se fit toujours remarquer par ses votes libéraux. Il mourut à son château de Longjumeau, en 1828.

**ESPAGNE** (Louis-Brigitte), général de division, né à Auch, le 16 février 1769. — Officier de fortune au moment de la Révolution, il parcourut rapidement les premiers grades pendant les campagnes de la Convention, dans lesquelles il fit preuve de grands talents et de beaucoup de courage. Il se signala par la conduite la plus brillante dans les campagnes de 1804, où il gagna les épaulettes de général de division ; à l'armée d'Italie, sous les ordres de Masséna, dont il partagea la fortune et la gloire ; en Prusse, en 1807, où sa valeur au combat de Heilsberg lui mérita la croix de grand officier de la Légion d'honneur ; enfin, en 1809, dans la grande armée d'Allemagne, où il avait le commandement d'une division de cuirassiers. C'est dans cette campagne mémorable, sur le champ de bataille d'Essling, qu'il devait trouver une mort glorieuse. Laissons M. Thiers raconter cet épisode. « Lannes, qui était en dehors d'Essling, observant les mouvements de l'ennemi, se décida à ordonner un puissant effort de cavalerie. Il avait à sa disposition les quatre régiments de cuirassiers du général Espagne et les quatre régiments de chasseurs du général Lasalle, placés tous les huit sous les ordres du maréchal Bessières. Sans tenir compte du grade de ce dernier, il lui fait ordonner impérieusement de charger à la tête des cuirassiers et de charger à fond. Quoique blessé de cette dernière expression, car, disait-il, il n'avait pas l'habitude de charger autrement, Bessières s'ébranle avec le général Espagne, et laisse Lasalle en réserve pour lui servir d'appui. Bessières et Espagne s'élancent au galop à la tête de seize escadrons de cuirassiers, enlèvent d'abord l'artillerie ennemie dont ils sabrent les canonniers, et se précipitent ensuite sur l'infanterie dont ils enfoncent plusieurs carrés. Mais, après avoir fait reculer la première ligne, ils en trouvent une seconde qu'ils ne peuvent atteindre. Tout à coup, ils voient paraître la masse de la cavalerie autrichienne que l'archiduc Charles a lancée sur eux. Nos cuirassiers, surpris pendant le désordre de la charge qu'ils viennent d'exécuter, sont violemment assaillis et ramenés. Lasalle, avec ce coup d'œil et cette vigueur qui le distinguent, vole à leur secours. Il engage le 16ᵉ de chasseurs si à propos, si vigoureusement que ce régiment culbute les cavaliers autrichiens acharnés à la poursuite de nos cuirassiers, et en sabre un bon nombre. Au milieu du tumulte, le brave Espagne est tué d'un coup de biscaïen. » (Hist. du Consulat et de l'Empire, tome 10, p. 34.)

Il y a quelques années, un sympathique député du Gers, M. David, décédé en 1886, obtint du gouvernement, pour la ville d'Auch dont il était le maire, une très belle statue en marbre blanc, représentant le général. Mais la municipalité actuelle n'ayant pu encore s'entendre sur le choix d'un emplacement, la statue se trouve toujours déposée sous le péristyle de la bibliothèque municipale.


**LANNES** (duc de Montebello.) — Le maréchal Lannes est né à Lectoure, en 1769. Son père, garçon d'écurie, le mit en apprentissage chez un teinturier et lui apprit lui-même à lire et à écrire. Tout jeune encore quand éclate la Révolution, le futur maréchal sent bouillir dans ses veines un sang plein d'ardeur qu'il brûle de verser pour son pays. Il s'engage en 1792 dans le ba taillon des volontaires du Gers, fait ses premières armes dans les Pyrénées où il devient chef de brigade en 1795. A l'armée d'Italie, on le retrouve sur tous les champs de bataille, à Millesimo, Dego, Lodi, à Arcole surtout où, s'élançant au milieu de la mitraille, il entraîne ses soldats et reçoit trois blessures qui le mettent hors de combat. Il prend part ensuite à l'expédition d'Egypte et contribue puissamment à la prise de Gaza, de Jaffa, de Saint-Jean d'Acre, où il est de nouveau blessé, et d'Aboukir où il reçoit les épaulettes de général de division (1799). Mais ce compagnon d'armes de Bonaparte subit le prestige de ce général qu'il admire, s'associe à ses projets ambitieux et contribue au coup d'Etat du 18 Brumaire. L'année suivante, il est de nouveau à l'armée des Alpes, au Grand Saint-Bernard, qu'il franchit un des premiers ; à Montebello, où il se conduit en héros ; à Marengo, où, pendant 7 heures, il soutient le feu de 80 pièces autrichiennes. Maréchal de France en 1804, Grand'Croix de la Légion d'Honneur en 1805, il prend la part la plus active aux journées d'Austerlitz, d'Iéna (1806), de Pulstuck, de Friedland. — Envoyé en Espagne, il y est chargé de diriger les opérations du fameux siège de Saragosse dont il s'empare le 21 février 1809. Un instant retiré de cette vie des camps pour laquelle il se sentait si bien fait, il redevient la terreur des Autrichiens à Abensberg, à Eckmuhl, à Ratisbonne, et à Essling, où malheureusement un boulet lui brise les deux jambes (22 mai 1809). Ce fut sa dernière victoire. Amputé et transporté à Vienne, il y mourut le 31.

Les restes de ce héros furent transportés à Paris et déposés au Panthéon, en 1810.

**CASTEX.** — Castex est né à Pavie, près d'Auch, le 29 juin 1771. Il fit d'abord ses études au collège de cette ville, puis son père l'envoya à Toulouse faire son droit.

Lorsque la révolution éclata, le jeune Castex abandonna l'étude et embrassa la carrière des armes, où il se signala par des actions de valeur et d'éclat qui ont fait de lui un véritable héros. Il fit les campagnes de 1794 et 1795 à l'armée des Pyrénées, et celles de 1796, 1797, 1798, 1799 et 1800 en Italie. En 1806, il se couvre de gloire en Prusse, où il gagne ses épaulettes de coonel sur le champ de bataille d'Iéna. A Friedland, il obtient la croix de Commandeur de la Légion d'Honneur, et, en 1808, Napoléon lui confère le titre de baron avec une dotation. A Wagram, l'année suivante, il est créé général de brigade. Désormais, nous le retrouvons partout, au passage de la Bérézina où il a la cuisse percée d'un coup de baïonnette; à Dresde, où il est blessé d'un coup de sabre au genou ; en Belgique où, avec 1200 hommes, il culbute deux régiments de Cosaques.

Retiré dans ses terres d'Alsace pendant la Restauration, il est rappelé, en 1817, au commandement de la 6e division, à Besançon. Plus tard, en 1823, il fait la campagne d'Espagne. Ce soldat infatigable, qui cent fois affronta la mort dans les conditions les plus périlleuses, n'eut pas cependant le suprême bonheur de terminer une si belle carrière sur le champ de bataille. La Révolution de juillet le mit à la retraite, et il occupa ses dernières années à des études d'agriculture.

Successivement grand officier de la Légion d'honneur, grand'croix de Saint-Louis et de Saint-Ferdinand d'Espagne, il fut envoyé à la chambre des députés par le département du Bas-Rhin en 1824. Il mourut en 1842, âgé de 71 ans.

**BLANQUEFORT.** — Blanquefort est né à Barran, près d'Auch, en 1778. A vingt ans, il part comme simple conscrit et gagne tous ses grades sur le champ de bataille. En 1807, il n'est que sous-lieutenant, et déjà l'étoile de l'honneur brille sur sa poitrine. Il se signale par son courage et son intrépidité à Essling, à Wagram et à Hanau où il est promu officier de la Légion d'Honneur.

Successivement maréchal de camp, commandeur de l'ordre de la Légion d'Honneur, chevalier de Saint-Louis et de l'ordre de la Réunion, il meurt en Afrique le 16 décembre 1846, au cours d'une inspection de gendarmerie dont on l'avait chargé malgré ses 62 ans.

## III — HOMMES D'ÉTAT
## PERSONNAGES POLITIQUES, MAGISTRATS

**RUFIN.** — Rufin, ministre de Théodose et d'Arcadius, est né à Eluza, aujourd'hui Eauze, près Condom, en 335. Sorti d'une famille pauvre et obscure, il sut, par son audace, son esprit souple et délié, sa conscience sans scrupules, s'élever aux plus hautes dignités. Il est resté tristement célèbre par ses vengeances, ses cruautés et son ambition. Nommé tuteur d'Arcadius en 395, il excita Alaric, roi des Wisigoths, au ravage des provinces de l'Orient, se déclara le rival jaloux de Stilicon qui s'entendit avec Eutrope pour le faire assassiner par le goth Gaïnas.

**DUFAUR.** — Dufaur est né en 1537, d'une des plus anciennes familles d'Auch. Après avoir fait d'excellentes études de droit, il fut successivement conseiller au grand conseil, puis maître des requêtes, et enfin premier président au parlement de Toulouse, où il mourut d'apoplexie en prononçant un arrêt, le 18 mai 1600. On a de lui quelques ouvrages estimés. Dufaur fut l'ami de Calvin, avec lequel il fut en correspondance suivie pendant très longtemps.

**OSSAT** (Armand d'), célèbre cardinal et diplomate, né à Laroque, près d'Auch, en 1536, est mort à Rome, en 1604. Fils d'un simple vétérinaire, il se trouva sans ressources et orphelin à l'âge de 9 ans. Il se mit alors au service d'un jeune gentilhomme qui l'employa comme domestique et l'emmena à Paris. Doué d'une vive intelligence, le jeune d'Ossat profita des leçons qui étaient données à son maître, travailla activement à sa propre éducation, se lia avec Ramus, puis vint à Bourges suivre les cours de l'illustre Cujas. Cependant le barreau ne lui procura pas les honneurs et la situation qu'il cherchait. Il entra dans les ordres, devint secrétaire de l'archevêque de Toulouse, Paul de Foix, son protecteur. Il prit parti pour Henri IV contre les Guises et fit tous ses efforts pour réconcilier le roi avec le pape. Il y réussit et, en récompense, fut nommé en 1596 à l'évêché de Rennes ; trois ans après, il était élevé à la dignité de cardinal et à la charge d'ambassadeur de Henri IV à Rome. C'est là qu'il mourut en 1604, après avoir rendu à la France des services signalés. On a de lui des *Lettres diplomatiques* jadis très renommées.

**PERSIL**, magistrat et homme d'Etat français, né à Condom (Gers) en 1785, mort à Paris le 10 juillet 1870. Il étudia le droit à Paris, et, après avoir concouru plusieurs fois pour une chaire de Faculté de droit, il se décida à suivre la carrière du barreau. Mis bientôt en relief par son attitude nettement libérale dans quelques procès fameux, il fut envoyé par les électeurs de sa ville siéger sur les bancs de la Chambre des députés en juin 1830. Il y attaqua vivement le ministère Polignac, protesta contre les ordonnances et se montra chaud partisan de la dynastie des d'Orléans.

Devenu procureur général à la Cour royale de Paris, il oublia et ses principes libéraux et ses anciens amis. Son zèle « rétrograde » lui valut en 1834 le portefeuille de la justice. Il le conserva jusqu'au 15 mars 1837, où une divergence d'opinion avec le comte Molé l'obligea à donner sa démission. Il s'en vengea en entrant dans la coalition, et fit une guerre acharnée au ministère Molé qu'il contribua à renverser (1839). Il entra à cette date à la Chambre des Pairs et prit en même temps la direction de l'Hôtel des Monnaies.

La Révolution de 1848 le rendit à la vie privée et il vécut dans la retraite jusqu'en 1852. Napoléon III l'appela au Conseil d'Etat, et, de 1864 à la fin de l'empire, il fit partie du Sénat.

**SALVANDY** (Narcisse-Achille de). — Le comte de Salvandy, littérateur et homme d'Etat, est né à Condom le 11 juin 1795. Engagé volontaire en 1813, il prit part aux campagnes de Saxe et de France. Plusieurs brochures politiques, entre autres *la Coalition et la France*, une protestation contre l'occupation française par les étrangers, le mirent en relief et le signalèrent à l'attention de Louis XVIII, qui l'admit dans sa maison militaire. Comme il avait fait d'excellentes études de droit, il fut nommé en 1819 maître des requêtes au Conseil d'Etat. Député en octobre 1830, il combattit toutes les propositions inspirées par l'esprit démocratique et fut l'un des plus intrépides soutiens du parti de la résistance. Il écrivit alors *Vingt mois ou la Révolution de 1830 et les révolutionnaires*, puis, en 1832, *Paris, Nantes et la Session*, et devint ministre de l'Instruction publique de 1837 à 1839. Il profita de son passage à ce département pour améliorer le sort des professeurs, des maîtres d'études, et pour encourager vivement les gens de lettres.

Ambassadeur en Espagne en 1841, à Turin en 1843, il prit de nouveau le portefeuille de l'Instruction publique en 1845, fonda l'Ecole d'Athènes et améliora l'Ecole des Chartes. La révolution de 1848 le rendit à la vie privée, et il ne s'occupa plus jusqu'à sa mort, en 1856, que de lettres et de journalisme. Il était de l'Académie française depuis 1835. On lui doit, outre ses publications politiques et son active collaboration au *Journal des Débats, Don Alonzo ; Islaor ou le Barde chrétien ;* enfin une *Histoire de la Pologne avant et sous Sobiesky.* Toutefois, M. de Salvandy ne jouit pas d'une grande réputation d'écrivain. Il était disciple de Châteaubriand dont il exagérait les défauts par son afféterie.

**CASSAGNAC** (Granier de). — Bernard-Adolphe Granier de Cassagnac, publiciste et homme politique, est né à Averon-Bergelle, près Mirande, le 12 août 1806.

Il fit ses études au collège de Toulouse et suivit quelque temps les cours de la Faculté de droit de cette ville. Après quelques succès aux Jeux floraux, il publie, en 1831, sa première brochure politique, *Aux électeurs de France,* où il se révèle comme un fougueux démocrate. Mais à cet homme qui devait avoir une existence si mouvementée, il fallait Paris pour théâtre. Il y débute d'abord au *Journal des Débats,* puis à la *Revue de Paris.*

En 1840, après la publication d'une nouvelle brochure contre l'affranchissement des nègres, il se décide à aller aux Antilles chercher des arguments en faveur de sa thèse et y épouse une créole, mademoiselle Rosemonde de Beauvallon. Rentré en France, il met sa plume au service du ministère Guizot et fonde un grand journal, l'*Epoque*, après avoir dirigé le *Globe*. Cette feuille ultra-orléaniste, qui n'eut d'ailleurs aucun succès, mettait une telle violence dans sa polémique que tous les autres journaux prirent d'accord la résolution de ne jamais répondre à ses attaques et de conspirer contre lui par le silence.

En 1848, il se tourna contre la République et fit plus tard l'apologie du Deux-Décembre, ce qui lui valut d'être élu député du Gers, comme candidat officiel, de 1852 à 1870. Il écrivait, en même temps, comme collaborateur ou comme directeur, au *Constitutionnel*, au *Réveil*, à la *Nation* et au *Pays*, qu'il fonda en 1866.

Il a laissé également de nombreuses publications historiques où l'on voudrait trouver peut-être moins de passion et plus d'impartialité.

## IV — PERSONNAGES DIVERS

**ARMAGNAC** (Famille d'). — Les d'Armagnac furent une illustre race dont le nom se trouve mêlé pendant cinq siècles à tous les événements politiques qui agitèrent le midi de la France et particulièrement le pays devenu plus tard le département du Gers.

Seigneurs fiers et indépendants, ils ne reconnurent jamais de suzerains. Ils s'intitulaient dans leurs actes *comtes par la grâce de Dieu*, formule qu'ils adoptèrent en dépit des remontrances de plusieurs rois de France.

Les comtes d'Armagnac exercèrent leur suzeraineté sur la ville d'Auch depuis le douzième jusqu'à la fin du quinzième siècle. Auch fut leur capitale et leur principale résidence ; plusieurs d'entre eux y sont nés et y ont été inhumés. Disons un mot des plus célèbres.

Bernard IV partagea avec les archevêques d'Auch la cité et l'administration de cette ville. L'échec de son fils qui, en 1170, brigua l'archiépiscopat, fut la cause de luttes sanglantes et terribles entre l'archevêque élu, Géraud de Labarthe, et le comte Bernard. C'est en 1192 seulement qu'un traité intervenu entre ces deux adversaires procura un peu de tranquillité aux habitants de la cité et du diocèse.

Jean I<sup>er</sup> remplit pendant onze ans, de 1347 à 1358, les fonctions de lieutenant du roi de France en Languedoc : onze ans de fatigues, d'activité, de dévouement, durant lesquels, sans cesse sur son destrier, en cotte de mailles, la dague au poing, il fit une guerre acharnée aux Anglais.

Deux ans après qu'une guerre entreprise contre les comtes de Foix lui avait fait abandonner cette lieutenance générale, le traité de Brétigny (1360) venait changer la situation politique du comte d'Armagnac et le rendre feudataire du roi d'Angleterre.

Ennemis des Anglais par caractère, par tempérament et par intérêt, Jean I<sup>er</sup> et ses vassaux ne purent longtemps supporter les conditions de cet humiliant traité. Ils protestèrent contre les impôts dont le prince de Galles voulut écraser leur riche pays et le fier comte d'Armagnac alla porter plainte au roi de France, Charles V. Celui-ci, qui n'attendait qu'un prétexte plausible pour rompre le déplorable traité de Brétigny, cita le prince de Galles devant la chambre des pairs : ce fut le signal d'une nouvelle guerre qui dura cinq ans (1369).

Ce vaillant chevalier, que la fortune ne favorisa pas toujours, mais qui fut l'un des plus beaux caractères de son époque, mourut en 1373 et fut inhumé dans l'église Sainte-Marie d'Auch.

Bernard VII rendit sa maison l'une des plus puissantes du Midi. Quand éclata, sous le règne de Charles VI, la rupture entre les *Bourguignons* et le duc d'Orléans, il se prononça pour ce dernier dont il épousa la fille, et devint l'âme de ce parti qui prit le nom et les couleurs d'*Armagnac*.

Bernard VII recruta toute la noblesse du Midi qui se rendit avec enthousiasme autour de lui, excitée « par ces vieilles haines de races » qui subsistaient depuis le treizième siècle. Ils avaient à cœur de prendre la revanche de la guerre des Albigeois. On sait le rôle qu'ils jouèrent dans ces tristes luttes qui troublèrent le règne du malheureux Charles VI. Vaillant, courageux, indomptable, possédant cette résolution si nécessaire pour dominer, mais en même temps cruel, âpre au gain, Bernard VII fut l'exécuteur des hautes œuvres des confédérés. Maître de Paris, connétable de France, il déploya une activité extraordinaire pour rétablir l'ordre, défendre la capitale, repousser les Anglais, confier les postes difficiles à des hommes dévoués. Il se montra homme d'Etat, mais d'une telle cruauté que, devenu odieux par ses excès d'autorité et ses exactions, il fut massacré par le peuple de Paris le 12 juin 1418.

« Aucun de ses ancêtres, dit M. Monlezun dans son *Histoire de la Gascogne*, n'avait porté aussi loin que Bernard la gloire de la maison d'Armagnac. Son nom remplissait la France; ses vastes possessions le rendaient l'égal des princes du sang; son courage et ses talents militaires le plaçaient au-dessus des premiers généraux de son époque; mais son excessive ambition, son obstination et sa cruauté ternirent l'éclat de toutes ces qualités. » Pour nous, la plus grande gloire du connétable est d'avoir défendu l'honneur du pays : après lui, la France fut ouverte aux Anglais.

JEAN V est le dernier rejeton de cette souche si fertile en grands hommes. Esprit mobile, tracassier, ambitieux, de mœurs si dissolues qu'il fit légitimer sa passion incestueuse en épousant sa sœur Isabelle : tel fut le dernier d'Armagnac. En lutte avec l'archevêque d'Auch, il fut assiégé et pris dans sa ville de Lectoure en 1456, mais parvint à s'enfuir. En 1461, Louis XI envoie contre lui une armée considérable qui l'oblige à traiter. N'ayant pas respecté sa parole jurée, il est de nouveau assiégé par Louis en 1473. Malgré sa résistance énergique, la ville de Lectoure prise une seconde fois est passée par les armes : Jean V est égorgé dans son château, son frère Charles est enfermé à la Bastille, d'où il ne sort au bout de quatorze ans que pour mourir misérablement et sans postérité légitime (1496.)

Ainsi s'éteignit cette noble famille qui régna, non sans éclat et sans gloire, près de cinq siècles sur le pays d'Armagnac. Depuis la mort de Charles, le titre de comte d'Armagnac ne fut qu'honorifique. Plus tard, ce comté fut réuni à la couronne par Henri IV, à son avènement au trône, en 1589.

**GONTAUT-BIRON** (Armand de). — La famille de Gontaut-Biron, originaire de cette partie de la Gascogne, a fourni plusieurs noms célèbres. Disons un mot des deux plus importants.

ARMAND DE GONTAUT-BIRON est né vers 1524. Il fut élevé parmi les pages de la reine Marguerite de Valois et fit ses premières armes en Piémont, où il s'acquit une brillante réputation. Nommé peu de temps après gentil-homme de la chambre du roi, il prit une part assez active aux guerres religieuses qui désolèrent cette époque. Après la bataille de Moncontour, où il avait rendu de grands services, il fut envoyé pour traiter de la paix. Elle fut conclue et appelée « boiteuse et mal assise, » M. de Biron étant boiteux et de Boissy, seigneur de Malassise, étant chargé de traiter au nom du prince et de l'amiral.

Après la Saint-Barthélemy, Charles IX l'envoya en Saintonge pour soumettre La Rochelle. Il y échoua et ne fut pas plus heureux en Guyenne. Toutefois, en raison de ses importants services, il fut fait maréchal de France et renvoyé dans le midi comme lieutenant du roi en 1577. Il resta toujours loyal serviteur de la royauté, et, après avoir généreusement combattu le roi de Navarre, il fut un des premiers à reconnaître Henri IV. Il aida ce prince à reconquérir les places de son royaume et prit une part très active à la bataille d'Ivry. Il mourut devant Epernay, emporté par un boulet de canon, le 26 juillet 1592, à l'âge de soixante-huit ans. Brantôme donne en témoignage de sa bravoure et de sa générosité une série d'anecdotes qui font le plus grand honneur à l'homme qui en a été le héros.

CHARLES DE GONTAUT-BIRON, fils du précédent, est né vers 1562 au château de Saint-Blancard, près de Masseube. Il fut de bonne heure le compagnon d'armes et l'ami de Henri IV dont il partagea les dangers et la gloire à Arques, à Ivry, aux sièges de Paris et de Rouen et au combat d'Aumale. Pour récompenser ses services, le roi le nomma amiral de France en 1592 et maréchal en 1594. Malgré ces faveurs, le fier duc de Biron que ses services, ceux de son père, ses dignités et ses domaines dans le midi plaçaient à la tête des seigneurs royalistes, se plaignait sans cesse de l'avarice et de l'ingratitude de son royal ami. « D'un tel esprit, disait celui-ci, et tant présomptueux qu'il voudrait persuader au monde qu'il m'a mis la couronne sur la tête, il me semble qu'il faut craindre toute chose. »

En effet, le maréchal, même après avoir vu sa baronnie de Biron érigée en duché-pairie, entra en relations avec les mécontents, le roi d'Espagne, qui n'avait pas renoncé à ses prétentions sur le trône de France, le duc de Bouillon qui, par Sedan, pouvait ouvrir les portes du royaume aux étrangers, le comte d'Auvergne, fils naturel de Charles IX, qui excitait à la révolte les provinces du midi, enfin avec le duc de Savoie.

Henri IV, qui n'avait en lui qu'une confiance très restreinte, soupçonna ces intrigues mais pardonna une première fois à son « ancien ami qui avait reçu trente-deux blessures à son service. » De nouvelles menées lui ayant été dévoilées en 1602, le roi et son ministre résolurent de frapper un grand coup. Le maréchal, attiré de sa province de Bourgogne dont il était gouverneur, fut arrêté à Fontainebleau, traduit devant la cour des pairs, condamné à mort et exécuté dans la cour de la Bastille, le 31 juillet 1602.

**ROQUELAURE** (famille de). — Elle tire son nom d'un village situé à deux lieues d'Auch et compte plusieurs hommes illustres parmi lesquels on distingue deux maréchaux de France et un lieutenant-général.

ANTOINE DE ROQUELAURE (1544-1625) se fit remarquer par un dévouement inaltérable à la famille d'Albret et principalement à Henri IV dont il suivit la fortune avant et pendant son règne. Il combattit à ses côtés à Arques, Ivry, Chartres, Noyon, Rouen, Fontaine-Française. Il se trouvait même dans le carrosse de Henri IV lorsque ce dernier fut assassiné par Ravaillac. — Maréchal de France depuis 1615, il mourut à Lectoure dont il était gouverneur, en 1625, à l'âge de quatre-vingt-un ans.

GASTON-JEAN-BAPTISTE, DUC DE ROQUELAURE, fils du

précédent, fut successivement marquis, puis duc, puis pair de France, puis enfin gouverneur de Guyenne en 1676. Il se distingua aux batailles de la Marfée et Honnecour, aux sièges de Gravelines et de Courtrai. Il mourut à Paris le 10 mars 1683, à l'âge de 67 ans.

ANTOINE-GASTON-JEAN-BAPTISTE, DUC DE ROQUELAURE, né comme les précédents au château de Roquelaure en 1656, s'illustra comme son père dans la carrière des armes. Jeune encore, il assista aux sièges et à la prise de Maseik, Tongres, Nimègue et Maestricht. Sous Turenne, il assistait au combat de Guemersheim et à la prise de Montbéliard. En 1690, nous le retrouvons aux combats de Fleurus, de Mons et au bombardement de Liège. Créé gouverneur du Languedoc en 1706, il conserva cette charge jusqu'à sa mort, en 1737. C'est ce duc de Roquelaure qui est resté si célèbre par son esprit et ses bons mots et que Saint-Simon représente comme une sorte de bouffon effronté.

En lui s'éteignit cette famille dont les domaines passèrent successivement entre les mains des Rohan-Chabot, des Mirabeau et de la famille Dubarry.

**NOGARET DE LAVALETTE** (Louis de,) gentilhomme né au château de Caumont, près Samatan, en 1544. Il fut le favori de Henri III qui le combla d'honneurs. Duc et pair, colonel général de l'infanterie, il abandonna Henri IV en 1589, puis se fit payer cher sa soumission. Orgueilleux, avide, soutenu par de nombreuses créatures, il sut toujours se maintenir et imposer son autorité. A la mort du roi, en 1610, il somma le Parlement de donner la régence à Marie de Médicis ; plus tard il soutint la reine-mère contre Albert de Luynes qui le relégua en Guyenne, où il mourut, à l'âge de 88 ans.

**ANSELME** (Antoine). — Anselme, dont le nom est bien oublié aujourd'hui, fut l'un des hommes les plus éminents de son temps. Né à l'Isle-Jourdain en 1652, il fit de bonnes études au collège de Gimont et à Toulouse. Dès son enfance, il montra un goût décidé pour la chaire ; il cultiva particulièrement ces dispositions, entra dans les ordres, devint l'un des prédicateurs les plus distingués de Toulouse d'abord, de Paris ensuite, où ses sermons n'obtinrent pas moins de faveur. Il prêcha plusieurs fois à la Cour, entre autres les jours de la Cène et de la Pentecôte en 1683, 1698 et 1709.

Outre ses talents oratoires, Anselme était un lettré très éclairé et un savant distingué. En 1710, il fut nommé membre de l'Académie des Inscriptions et Belles-Lettres. En 1724, il se retira dans l'abbaye de Saint-Sever que Louis XIV lui avait donnée : c'est là qu'il s'éteignit en 1757, à l'âge de 85 ans. Madame de Sévigné a dit de lui, dans une lettre du 8 avril 1689 : « l'abbé Anselme avait de l'esprit, de la dévotion, de la grâce et de l'éloquence ; » et elle ajoute qu'il n'y avait guère de prédicateur qu'elle crût devoir préférer à une époque cependant où la chaire était encore brillamment occupée.

**SÉNAC** (Jean-Baptiste). — Sénac, né près de Lombez en 1693, abjura le protestantisme pour se faire jésuite, puis entra dans la carrière médicale qu'il parcourut avec succès. Homme d'esprit et savant praticien, il jouissait d'un grand crédit à la Cour de Louis XV, qui le choisit pour son premier médecin en 1752. Membre de l'Académie des Sciences, il a laissé quelques ouvrages spéciaux assez remarquables, entre autres un *Traité des causes, des accidents et de la cure de la peste*, et un *Traité de la structure du cœur*.

**MONTESQUIOU** (famille de). — Une des plus anciennes familles de l'ancienne province d'Armagnac, qui prétend descendre de Clovis et d'où sont sortis plusieurs généraux et hommes d'État distingués. — Le maréchal de MONTESQUIOU D'ARTAGNAN se distingua dans toutes les guerres du règne de Louis XIV, mais particulièrement à Diest qu'il assiégea et emporta l'épée à la main, le 25 octobre 1705, à la bataille de Ramillies où il commandait l'infanterie. A Malplaquet, il eut 3 chevaux tués sous lui. Il mourut gouverneur d'Arras, en 1725, à l'âge de 85 ans.

Le marquis de MONTESQUIOU-FEZENSAC, né en 1739, fut député aux États-Généraux de 1789 et se rallia de bonne heure au Tiers-État. En 1792, il commandait l'armée du Midi avec laquelle il conquit la Savoie. Il mourut en 1798.

PHILIPPE-ANDRÉ, COMTE DE MONTESQUIOU-FEZENSAC, est né au château de Marsan, près d'Auch, en 1753. Colonel du régiment de Lyonnais en 1780, il se trouvait en garnison à Aix lorsque la Révolution éclata. Son tact, sa modération, et en même temps sa fermeté, lui conquirent la sympathie des habitants et la confiance du gouvernement qui le chargea en 1792 de rétablir l'ordre à Avignon. Il quitta l'armée en apprenant la mort de Louis XVI et fut mis en état d'arrestation pour son « modérantisme. » Mis en liberté après le 9 thermidor, il passa aux États-Unis jusqu'après le 18 brumaire où il revint à son château de Marsan. En 1814, Louis XVIII le nomma lieutenant général et le chargea du commandement du Gers. Il conserva cette charge jusqu'à sa mort, en 1833.

L'ABBÉ FRANÇOIS-XAVIER-MARC-ANTOINE, DUC DE MONTESQUIOU-FEZENSAC, frère du précédent, né au château de Marsan, canton d'Auch, en 1757. Envoyé pour représenter le clergé de ce diocèse aux États-Généraux de 1789, il fut l'un des membres modérés de cette assemblée où il se fit remarquer par une éloquence douce et persuasive. Deux fois il fut nommé président, le 5 janvier et le 18 février 1790. Pendant la Terreur, il se réfugia en Angleterre et ne rentra en France qu'après le 9 thermidor. Très dévoué à la famille des Bourbons, il fut éloigné des affaires pendant la période impériale. Dès que l'abdication de Napoléon Ier fut connue officiellement, M. de Montesquiou fit partie du gouvernement provisoire, et, à son arrivée à Paris, Louis XVIII le nomma membre de la Commission chargée de la rédaction de la charte dont on lui attribue la plus grande partie. Ministre de l'intérieur le 13 mai 1814, il fut élevé à la dignité de pair de France en 1815, et à celle de duc en 1821. Il était depuis quelques années titulaire d'un fauteuil à l'Académie française, quand il mourut en 1832.

**SERRES** (Dominique). — Peintre estimé, né à Roquelaure, près d'Auch, en 1731. Il se disposait à suivre la carrière ecclésiastique quand, près d'entrer dans les ordres, il abandonna le séminaire et partit pour l'Amérique. Dans la traversée, le bâtiment fut pris par des corsaires, et, comme tous les passagers, Serres fut emmené en Angleterre puis emprisonné à Londres. Il y cultiva la peinture dont il possédait déjà les éléments, fit dans cet art des progrès rapides et acquit une telle renommée que le roi Charles III le prit à son service. Il mourut en 1793, au moment où il se disposait à rentrer en France. Serres excella particulièrement dans les sujets maritimes dont il fit sa spécialité.

**BASTARD D'ESTANG** (Dominique-François-Marie, comte de), — est né à Nogaro en 1783. Magistrat et homme politique, il fit partie de la Cour des Pairs, instruisit le procès Louvel et fut également chargé de l'instruction du procès des ministres de Charles X. Un de ses frères, Bastard d'Estang (Jean-François-Auguste, de), né en 1794, entra dans la carrière militaire et fut fait prisonnier en 1813. Il a publié plusieurs ouvrages dont les principaux sont : *Costumes de la Cour de Bourgogne sous Philippe le Bon*, et *Peinture et ornements des manuscrits français*.

**FIN**

# TABLE ALPHABÉTIQUE

## DES PERSONNAGES REMARQUABLES DU GERS




ÉMILE COLIN. — Imprimerie de Lagny.

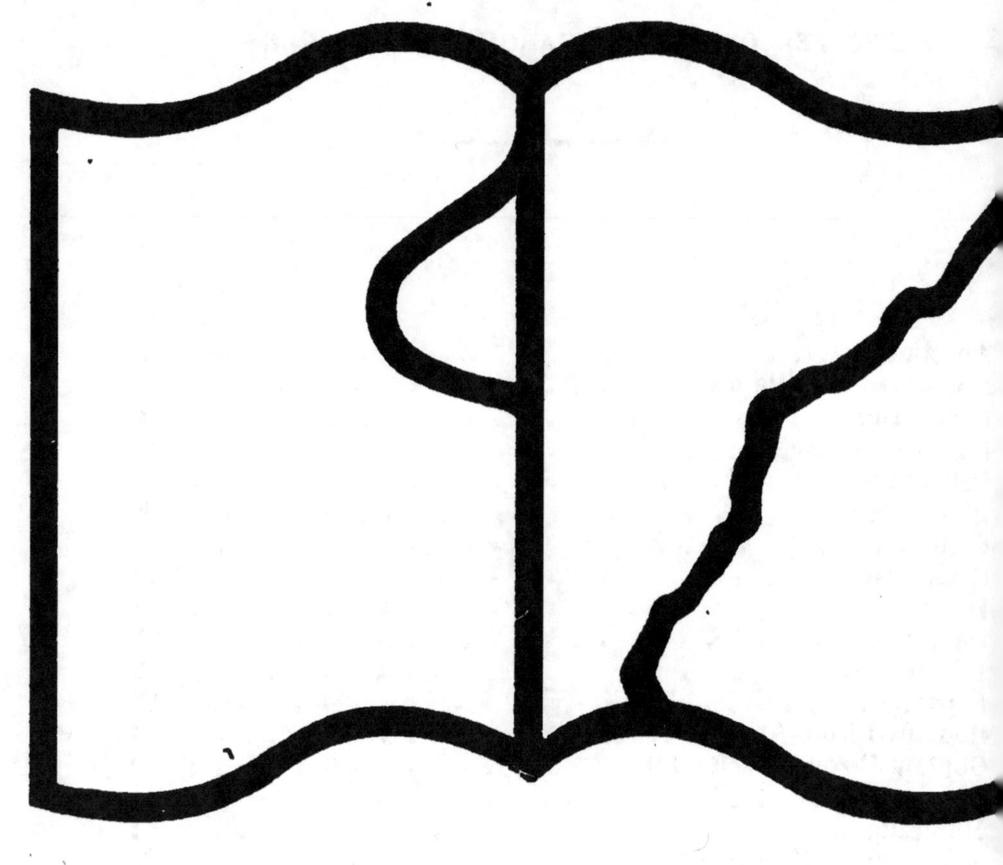

Texte détérioré — reliure défectueuse

**NF Z 43-120-11**

Publications des « Temps Nouveaux » — N° 63

# Pierre KROPOTKINE

# L'Idée Révolutionnaire dans la Révolution

Prix : 10 centimes

# Groupe de Propagande par la Brochure

La propagande par la Brochure est une des meilleures propagandes si on pe
faire avec suite.

*Le Révolté, La Révolte, Les Temps Nouveaux* s'y sont employés de leur mieu
l'heure actuelle, plus de 86 brochures diverses, dont les différents tirages ré
dépassent un million d'exemplaires, ont été lancées par eux.

Malheureusement, les fonds manquent pour pouvoir en imprimer plus souve
nouvelles, ou réimprimer, lorsque c'est nécessaire, celles qui sont épuisées.

Il s'agit donc de trouver **500** souscripteurs s'engageant à verser chacun 1
par an. Nous serions alors en mesure d'imprimer chaque mois — ou de réimpr
parmi celles épuisées — une nouvelle brochure de **0 fr. 10** ou deux de **0 fr. 05.**

Par contre, voici les avantages que nous offrons aux souscripteurs :

1° A chaque tirage, il leur sera expédié autant d'exemplaires que le compo
le montant de leur souscription calculé avec une remise de 40 0/0, frais d'e
déduits

Ce qui leur permettra de s'employer à la propagande, en faisant circuler les
chures parmi ceux qu'ils connaissent, soit en les distribuant eux-mêmes, soit p
poste lorsqu'ils ne voudront pas faire savoir qu'ils s'intéressent à la propagande ;

2° A chaque souscripteur qui sera libéré de sa souscription, il sera envoyé
lithographie spécialement tirée pour les souscripteurs.

Cette lithographie qui sera demandée à l'un des artistes qui ont déjà donn
journal, ne sera pas mise en vente et vaudra à elle seule, largement, le prix de s
cription ;

3° A ceux qui souscriront **15** francs par an, il sera expédié un nombre de
chures dont le montant égalera celui de la souscription, calculé, toujours avec
remise de 40 0/0, plus une eau-forte qui, elle aussi, sera tirée spécialement pour
et non mise dans le commerce.

Ceux qui savent le prix d'une eau-forte artistique apprécieront le cadeau que
leur offrons ;

4° A ceux qui souscriront au-dessus de **15** francs, il sera fait cadeau de la l
graphie et de l'eau-forte.

Au camarade qui nous trouvera **10** souscripteurs, il sera fait cadeau de la l
graphie. — Celui qui en trouvera **20**, recevra l'eau-forte.

Les souscriptions peuvent être versées par fractions mensuelles ou tri
trielles, etc., au gré des souscripteurs.

A ceux qui s'engageront mensuellement et qui ne se libéreraient pas de
promesse, il sera, à la fin du trimestre, adressé un remboursement pour les 3 mois.

**Adresser les souscriptions au camarade Ch. BENOIT,
3, rue Bérite, PARIS.**

N.-B. — En discutant avec des camarades, il est facile de leur glisser une
chure, et de leur arracher deux sous. Les souscripteurs pourront ainsi récupér
montant de leur souscription, et augmenter leur propagande.

Brochures à l'étude : *Origines et morale du Christianisme,* de Letourneau. —
*République des financiers,* de Delaisi. — *L'Education de demain,* par Laisan
*L'Anarchie dans l'évolution socialiste,* de Kropotkine. — *La Morale anarcl*
de Kropotkine, etc., etc.